光文社知恵の森文庫

益田ミリ

大阪人の胸のうち

光文社

この作品は知恵の森文庫のために書下ろされました。

はじめに

父は大阪で生まれました。父の父、すなわち、わたしの祖父にあたる人は、通天閣近くの鰻屋《うなぎや》さんの職人だったそうです。その祖父が亡くなり、父は残った家族と一緒に、子供時代の途中から福井県に移りました。そして、大きくなって就職した先が大阪でした。母は福井県の出身で、父との結婚を機に大阪で生活するようになりましたが、子供の頃、ほんの少しの間、大阪城の近くで暮らしていたこともあるようです。

そんな一組の夫婦から、わたしは生まれました。大阪万博の1年前、１９６９年のことです。

わたしは、26歳まで大阪で育ちました。その後、「自分を試してみよう」という若者らしい心で上京したのです。

専門家ではないので、くわしい大阪人の調査をしたことはありません。統計をとったこともないし、歴史や文化のことも、ちっともわかりません。
だから、わたしが知っている大阪や、大阪人はかなり狭い範囲内なのですが、上京して10年以上が過ぎ、東京で暮らす大阪人の目から、故郷について書いてみようと思いました。

益田ミリ

大阪人の胸のうち●目次

大阪人と桂三枝

——永遠のヒーロー

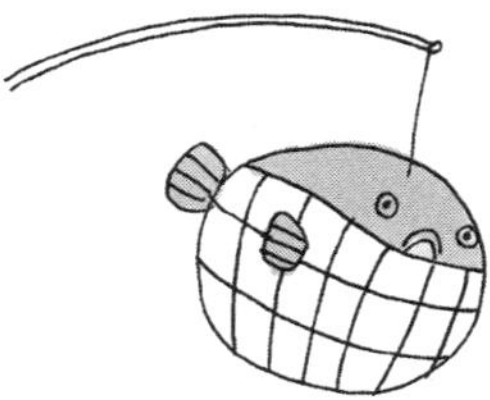

うちの母は明石家さんまさんが好きである。さんまさんの番組を観ているときは、たいてい大笑いしている。たまに涙まで流して笑っているので、それを目撃したわたしのほうが、

「さんまさん、いつもうちの母がお世話になっております」

とお礼を言いたくなるほどだ。

母は、西川きよしさんも好きである。真面目な良い人、ということが脳にインプットされているようで、テレビに主演しているだけで「これはええ番組に違いない」と確信している。きよしさんは、大阪では、自分の奥さんやら息子やら娘やら母親やらを含む、一家総出でテレビに出ているので、母からすると「家族ぐるみのおつきあい」みたいな気持ちに勝手になっているのではないだろうか。特に関西でのお正月番組には、必ずと言っていいほど西川きよし家が中継される。いや、正月というより大晦日の夜の様子からテレビで中継している。

大晦日の西川家の人々は、みんな晴れ着姿で「今年も一年元気でよかった」と大きな客間で語りあっている。そして午前0時がきて、西川家が新年の挨拶をして番組が終わるも

のの、翌朝になってテレビを観ていると、またもや西川家の様子が中継されていたりする。

大阪人は、どんだけ西川家の正月が好きなんや⁉

うちの母は、こういう番組を観るたびに、

「ヘレンさん、ホンマに大変やなぁ、あの人、ようやってはる」

きよし夫人を誉め上げている。母はヘレンさんのことを誉めながら、自分のこともねぎらっているかのようだ。そうかと思えば、きよしさんの孫をテレビで観るたびに、

「大きなったなぁ、去年はまだ小さかったのに」

親戚のおばちゃんのように成長を喜んでいる。もはや母にとっては、切っても切れない西川家とのおつきあいである。

明石家さんまさん、西川きよしさん。そして母が好きな関西大物芸人のトリは、やはり桂三枝さんだと思う。

わたしも小さい頃からテレビで三枝さんを観てきたし、「新婚さんいらっしゃい！」に出演することをずっと夢見ていたものだった。

三枝さんは大阪のおばちゃんのヒーローだなぁ。

そう思うことがつい最近もあった。

母とふたりで、なんばグランド花月の舞台を観に行ったときのこと。出演者の中になんと三枝さんがいたのだ。

「お母さん、今日、三枝出る（出演する）で」

「えっ、うそぉー、嬉しい」

母のテンションは倍増である。

若手の芸人さんからはじまり、終わりに近づくにつれてどんどん大御所が出てくるものだが、いよいよ桂三枝の出番となったときの会場の様子は、あきらかにそれ以前とは違った。

「次、三枝さんや！」

観客の期待感がふくらんで、ざわざわし始めたのである。

そして桂三枝の登場。

会場に大きな大きなどよめきが起こる。三枝さんや！ ほんまに三枝さんや！ 声にせずとも、観客のおっちゃん、おばちゃんたちの嬉しそうな気持ちがガンガンと伝わってくる。わたしだって、三枝さんを見ることができてお得な気持ちになっていた。なんというか、教科書に載っていた昔の人に会うみたいな、そんな不思議な感覚だ。

桂三枝は、その場の空気をしっかりとうけとめており、第一声にこう言った。

「これが生《ナマ》の三枝です」

どっかーん。会場は、たったこれだけのことで大爆笑である。自分が思っていたことを三枝が言うた！　観客は嬉しくて仕方がない、といった感じで立ち上がらんばかりだ。三枝さんは15～20分くらいの出番だったが、とにかく会場が不思議なテンションになっているから、何を言っても、どっかーん、どっかーん。笑い通しである。三枝さんが退場していくときは、もはや大歓声である。

すごいなぁ。わたしはすっかり感心してしまい、大阪における、桂三枝の存在を改めて考えてしまったのだった。

そういえば、大阪に新しい落語の寄席ができたという話題を母としていたら、母は急に真剣な顔になり、

「あれな、寄付とか集めて、三枝さん、えらい頑張らはってんで。オープンの日、三枝さんテレビで泣いてはったわ」

泣いてはったわ、のあたりで母の顔を見ると、うっすらと涙ぐんでいるではないか！

三枝さんが泣くほど喜んでいた、ということに感情移入できる母が、わたしはすごく羨ましい。わたしもひとりの芸人さんを身近にずーっと好きでいられるような、そんな大阪のおばちゃんになってみたかったような気がするのである。

大阪人の胸のうち
「大阪のおばちゃん①」
母と地元のデパートに、買い物へ行ったときに、
よく聞くような大阪弁トークをちらっと紹介
あれええやん
あらほんま
ええ色やん
サッ
奥さんそれいいでしょ
襟んとこ、ちょっとレースになっててかわいらしいでしょ
つい（セット）でスカートもありますしね

いやっ スカート細いわ 入らんわ
あら、そお？ そんでも、その ブラウスは いいでしょう？ 人気あるんよ
ひとつ持って はったら なんにでも合うし 便利よ
そやねえ
娘さん？
そう なんよ
よう似て はるわ
よう 言われ んのよ
ね〜 一緒に 買い物 いいねえ
奥さん、 こんなんも あるけど あんまり？

大阪人とたこやき機

——一家に一台!?

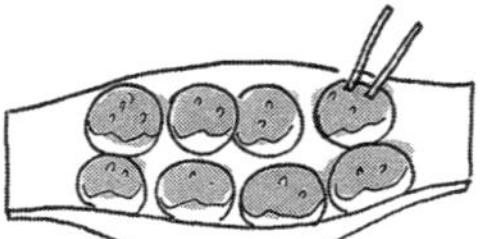

大阪の人ってさぁ、

という出だしで、東京の人に何か言われる場合について書いてみたいと思う。東京の人、と書いたが東京出身者に限らず、東京に住んでいる地方出身者たちも含むという意味である。

大阪の人ってさぁ、の後につづくセリフはいくつかあるのだが、わたしが一番多いと思うのがこれ。

「一家に一台たこやき機があるってホントですか？」

である。わたしはこの質問をされると走り出したくなるくらい照れくさい。というか、申し訳ない気持ちでいっぱいになってしまう。なぜなら、この質問は、どうも大阪人を喜ばせるためにあるのではないかと感じているからである。

自分の出身地の話題になると大阪人でなくても嬉しいものだと思うが、大阪人は必ずしもそれが「褒め」でなくても喜んでしまう傾向が強い気がする。「一家に一台たこやき機があるんでしょー？」というのは、別に褒め言葉でもなんでもないのだが、こう言われて大喜びしている大阪出身の友達をわたしは何人も目撃している。そして、

「たこやき機あるのは当たり前やーん」

などと鼻高々ですらあるのだ。

いいのである。べつにたこやき機が一家に一台あってもいいのである。というか、うちの実家にもあった。

しかし、こんなに喜んで答えている大阪人たちを見ていると、なんというか、東京の方々にかえって気を使わせて「一家に一台たこやき機があるってホントですか？」と言っていただいているのではないかと申し訳なくなってしまうのだ。

大阪人は取りあえず「たこやき機」の話をすると喜んでくれるんだよね、みたいな空気を感じとってしまうわたし……。

東京でこの「一家に一台たこやき機〜」のセリフが出たときは、相手の優しい心づかいなのだということをチラリと頭に浮かべるべきだと私は思っているのである。

なんで「一家に一台たこやき機が〜」というセリフに、わたしの大阪の知り合いたちは喜んでしまうのか。

それは彼らが、自分自身を名物だと思っているからではないかと思う。

相手の故郷を褒めるのは大人としての礼儀であるが、例えば青森だったら「ねぶたとかいいですねー」、大分だったら「由布院って憧れてるんですよねー」というので取りあえずOKである。しかし、大阪の場合「大阪城って立派ですよねー」では納得されにくいような気がする。


もっとなんかあるやろ〜


その「なんか」というのは、景色や建物ではなく「大阪人」そのものなのである。

「大阪の人ってさぁ、お好み焼きとご飯一緒に食べるんですよね？」

とか、

「大阪の人ってさぁ、動く歩道で絶対に歩くんですよね？」

という「人」の特徴に注目されるほうが嬉しいという感覚。もちろん大阪城を一番に褒められて喜ぶ大阪人もいるとは思うが、わたしの知り合い、友人を見るかぎりでは「大阪人」そのものに反応されるほうが、うんと喜んでいるような気がする。そしてそういう大阪人が多いからこそ、東京で「大阪の人ってさぁー」と言われた場合に、自然とたこやき機のネタへと進んでいくのではないか。それが大阪人に対する心配りになっているように思えるのである。

大阪人の胸のうち
「大阪のおばちゃん②」
通天閣の近くの喫茶店に、母と入ったときのこと
ここ入ろか
うん
きっさ
わたしコーヒー
わたしバナナジュース
あれ?
わたし何しようとしてたっけ
あら?
あれ? 何かしに来たんやけど
わたしらも、よーあるよ
しゃべってるし
そうなんよー
ーー

何かしよう思て、ぱっと忘れんのよ
ホンマ一瞬なんよ
そーそー
ホンマ
大阪のおばちゃんってかんじ〜〜〜
しばらくしたらまた思い出さはるわ
そやね
アハハハ
アハハハ
らしいわ
ほんま〜
思い出した
バナナ出しとこ思てんや

大阪人は面白い?

——都合のいい大阪弁①

東京で暮らしていると、とっても大きな勘違いをしている大阪人にときどき遭遇できる。

「子供の頃からボケとツッコミができて、ノリが良くて面白い」

東京でよく語られる大阪人のイメージに気を良くして、大阪で暮らしていたときには、自分が「ボケもツッコミもノリも普通以下」の人間だったことを隠せると思ってしまう勘違い大阪人である。

実際、お笑い芸人のおかげで、大阪弁をしゃべっているというだけで、

「面白い人なのかも？」

と興味を持ってもらえる確率は高くなっているとは思う。だけど、そういうのは最初の数分間の話で、あとは当人の持っている資質がすべて……。どこの方言でしゃべろうが面白くない人は面白くないのである。

別に面白くない人が悪いと言いたいわけではもちろんなくて、面白くないことを大阪弁でまぎらわせると思うのは錯覚なので要注意だと言いたいのだ。大阪弁を操ることで「面白い人」に変身できるなんて、全国の人を軽く見すぎなのである。

大阪人の胸のうち
「バレてます」
東京にいる大阪人でこうゆう人います
こうゆうとこでつっこんでくれな〜せっかくボケたのに
ボケたらツッコミやで
東京のいい人↓
そっかー
………
大阪ではな
そっかー
つーか、今の話につっこみどころなかったし……
アンタ、
別に大阪にいたとき、
面白いヤツとちゃうかったやろ〜
ノリが大事

似たようなのでは、美人女優が、お笑い番組などで得意げに大阪弁をしゃべっているというのがある。わたしはこれを目撃すると、いつもいたたまれない気持ちになってしまう。

彼女たちは、

「わたしも関西人やし、おんなじ仲間やないですかー」

などと、芸人さんたちのグラウンドにまでずかずか入っていこうとしているが、どうもそのとき、彼女たちの話す大阪弁は120パーセントくらい大袈裟になっているような気がするのだ。そこんところに、

「美人だけど実はノリも良くてアホなことも言うわたしって気取ってなくていいでしょ?」

みたいな空気をビビビーッと感じとらずにはいられない。

欲張りすぎやっちゅうねん!!

だいたい「気さくな人柄」というものを、方言だけでアピールしようとするのは無理がある。そんなことで好感度アップはできないのだ。

と、思っていたところ、

「えー、女優さんの大阪弁ってかわいいじゃない」

などと言う男性に何人か遭遇し、またまたわたしは勝手にムッとする。マインドコントロールされている彼らに、
「違う、違う、ああいう大阪弁は明らかに計算で、しらじらしいんだってば!!」
と力説すればするほど、モテない女のヒガミのような視線を受けるわたし……。

たぶんわたしは、大阪弁を利用しようとしている感じが嫌なのだろうと思う。大阪弁をしゃべることで面白い人と思われたいとか、親しみやすい人に思われたいとか。芸人さんたちは別として、方言をそんなふうに利用しようとしていることを、淋しいと感じてしまうのだ。

なにげないところで、なにげなく使っているからこその大阪弁の美しさってあると思う。子供の頃、遊んでいるときに「いーち、にーい、さーん、しー、ごー、ろーく、しーち」とリズムをつけて数えたこと。家に誘いに来る子の「○○ちゃん、遊ぼー」にも大阪弁のメロディがあったし、幼稚園から帰るときの「センセイさようなら、みなさんさようなら」というセリフにさえ、可愛らしい独特のイントネーションがあった。

ずっとしゃべってきたまんまの大阪弁を大切にして、大阪を離れても大阪弁とつきあっていきたい。わたしは大阪弁で、得なんかしなくていいと思うのである。

大阪人の胸のうち
「大阪ドレミ」
絶対音感など
まったくない
わたしですが
大阪弁を
ドレミで
表現してみます
無謀
お友達の
おさそい（名前）
ソ ファ ソー
ミりちゃん
ファ ファ ソー
あそぼー
お友達の
おさそい（名字）
ファ ソ ファ ソー
ますださん
ファ ファ ソー
あそぼー

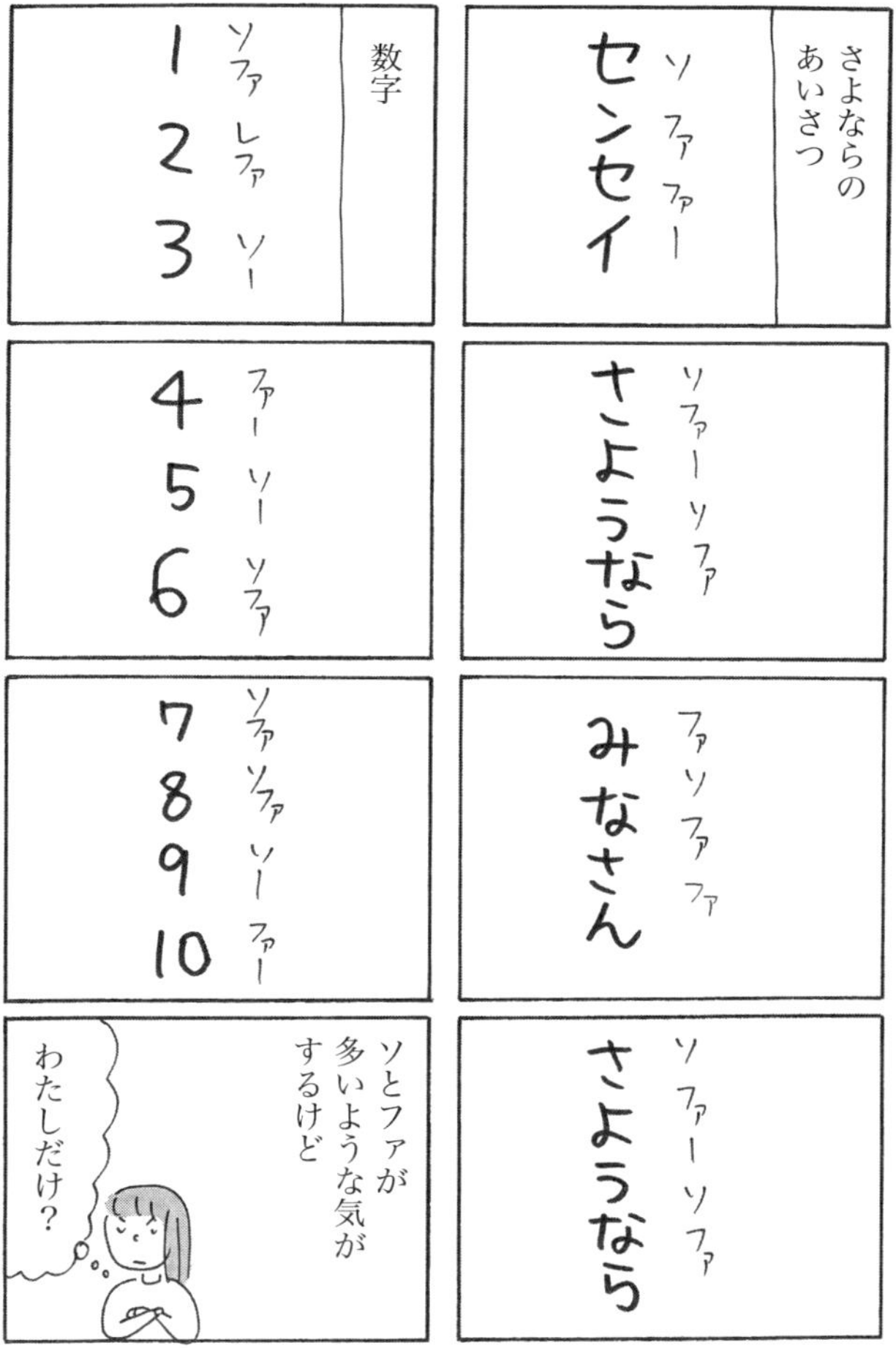
さようならのあいさつ
センセイ
ソ ファ ファー
さようなら
ソファーソファ
みなさん
ファソファファ
さようなら
ソファーソファ
数字
1 ソファ
2 レファ
3 ソー
4 ファー
5 ソー
6 ソファ
7 ソファ
8 ソファ
9 ソー
10 ファー
ソとファが多いような気がするけど
わたしだけ？

大阪人の胸のうち
「ややこしいはなし」
「ややこしい」とゆう言葉があります
わたしがこれを使うのは、
例えば細かい部品などを組み立てているときとか、
イラ
イラ
あーん
ややこしい!!
あとはあんまり使わないです
しかし、うちの父はいろんなときに「ややこしい」を使ってます
ややこしい
はなしやな～

ややこしい
奴やな～
ややこしい
道やなー
ややこしいことに
ならんといいけど
ひとつの言葉なのに、こんなにバリエーションがあるんですね～
そういえば雨が降ったり止んだり、ビミョーな天気のときも、
ややこしい天気やな～
「わかりにくい」とか「面倒くさい」とか「むずかしい」では足りない感じはわかる気が……
以上、「ややこしい」のはなしでした

大阪人はガメつい?

——都合のいい大阪弁②

前章で、「わたしは大阪弁で、得なんかしなくていい」と書いた。それは、大阪弁をわざと大袈裟にしゃべることで、面白い人とか、気さくな人と思ってもらおうとしている東京在住の大阪人は嫌だという意味である。

しかし、それはあくまで精神面のお話。物質面では得をしてもいいいんじゃないかなぁ〜と思っている。というか、実際、得をしようと利用しまくっている。

例えば先日、東京のデパ地下で買い物をしていたわたしは、いつもの標準語からとっさに大阪弁に切り替えていた。

話はこうである。わたしは総菜屋さんのショーケースを見ていて、レンコンのサラダが美味しそうだったので買うことにした。

「すいません、これを200グラムお願いします（標準語）」

すると若い女性の店員さんは、てきぱきとレンコンサラダをプラスチックの容器に入れ、秤《はかり》にかけた。わたしはそれを見てムッとしてしまった。なぜなら、サラダの下のほうからすくうので、油がベタベタとしている部分が多いのである。それに全体的にレンコンの楕円《だ》が小さい。ショーケースの前のほうに見えているレンコンは大きな丸い形をしているというのに、わたしの容器に入れられたレンコンはどう考えたって、レンコンの端のほうばかりだ。


店員さんがサラダの入った容器を見せつつ、わたしに確認する。

「お客さま、こちらでよろしいですか？」

同じお金を使うんだったら美味しそうなところがいい、というのは誰もが考えること。ここでわたしの脳ミソは大阪弁にチェンジしたのである。

「もうちょっと、前のほうの大きいレンコンも入れてくれへん？」

店員さんはギョッとしてわたしの顔を見た。

さらにたたみかけるわたし。

「そんな小さいとこばっかり入れんと、２００グラムも買うんやし、美味しそうなとこも入れといてぇな」

自分でも、うわーっと思う。だって、こんなこと、大阪にいたときには言ったことなかったんですもの。

同じセリフを標準語で言うと、

「もう少し前のほうのレンコンも入れてください」

「そんな小さなところばかり入れないで、２００グラムも買うんですから、美味しそうなところも入れてください」

などと、正式な抗議のような生々しさが前に出る。そこまで大マジメにとられるのもちょっと……。というときに、大阪弁を使えるのは便利だなぁと思う。大阪弁というフィルターにかけると、なんとなく大目に見てもらえるからだ。店員さんを含め、わたしの隣で買い物をしていた他のお客さんたちも、おそらくこう思っていたはず。


大阪人だから仕方ないか……。


大阪人はガメつい。全国的にそう思われているおかげで、これくらいの主張を渋谷のデパ地下でしてもなんとかなるのだ。先方も「値切られなかっただけマシ」と思っていたのではないでしょうか。

店員さんはわたしの望みどおり、前のほうの大きなレンコンを入れ直してくれた。それを見ながらわたしはこう言う。

「すんませんねぇ、うるさいこと言うて」

ってわたし、こんなベタベタな大阪弁、大阪にいたときも使ったことないがな〜!!

自分につっこみながらも平然としているわたし。東京というまちで、大阪弁がわたしに勇気をくれる瞬間だ。

買って帰ったレンコンのサラダは、シャキシャキとして本当に美味しかったのである。

大阪人の胸のうち
「アンタの話」
アンタ
という言葉を大阪ではよく耳にしますが
わたしで言うなら
これはあんまり友達につかいません
友達に対してはちょっと強いから
普通は「アンタ」と言わず名前を呼びます
ジョーダンぽくなら使えるかなー
アンタなー
(大阪人の)男友達とかになら、使うかな
アンタあほやなー
目上の人に対しては使いません
年下の人には使いやすいです

わたしは自分の妹に対して「アンタ」を使います
妹は、わたしに「アンタ」とは言いませんね〜
近所のおばちゃんたちは、わたしに「アンタ」も使います
アンタ帰っとったん
おばちゃん同士はわりと普通に言ってます
アンタその服ええやん
そやろ
もし父がわたしに対して
アンタ
などと言ったらびっくりします
どしたん
男の人は「アンタ」じゃなく
「自分」とか「お前」とかが多いかな
ちなみにドレミではこうかな?
アンタ
ドーレ
(ビミョーに違うかも)
以上、「アンタ」
の話でした

大阪人とお調子者

——道頓堀川へダイビング！

2003年の阪神タイガース優勝の夜、わたしは故郷である大阪にいた。正確に言うならミナミの戎橋《えびすばし》の上にいた。みんなが川に飛び込むというあの橋へと、ひとり東京から新幹線に乗って見学に行ったのである。ちなみにうちの父は阪神ファンなんだけど、娘のわたしは阪神どころか野球自体にまったく興味ナシ。一種の社会見学のようなつもりで戎橋を訪れたのだ。

それにしてもすごい人だった。橋、折れるで！　と心配になるほどわんさか人が乗っかっていた。道頓堀川にダイビングする集団と、それをわざわざ見に来ていたわたしを含む集団。戎橋は、まさにヒマ人間祭りである。

さて、そのダイビングをしに来ていた集団。2つのグループに分けられることがわかった。飛び込みに来た派と、飛び込むハメになった派だ。

わたしは夕方の早い時間から橋の上で見学していたのだが、最初のうちは誰が飛び込んでも観客たちには大ウケである。しかし時間がたつにつれてダイビング人数が増え、徐々に盛り上がりに欠けてきた。一度飛び込み終えてずぶ濡れになっている人が再び飛び込ん

でも、

「お前、もう濡れとるし、おもんない」

というダレた空気がただよい始めたのだ。

すると、この大阪では出現するのである。飛び込む気などなかったくせに、つい戎橋の手すりに立ち上がってしまう奴が……。

基本的に、最初から飛び込むつもりで来ている人はTシャツに短パン、ビーチサンダルという軽装である。しかし、その場の雰囲気に乗っちゃった人は、会社帰りに同僚らと冷やかしに寄った程度だからスーツ姿だ。

「あいつアホや、スーツで飛び込みよんで！」

スーツ族が手すりに立つと、観客は、そりゃあ、もう大喜びである。

「アーホ、アーホ、アーホ」

というコールが巻き起こり、スーツ男子はみんなの期待に応えるためだけに、貴重品を仲間に預け、橋の下へと消えてゆくのだ。一体、濡れたスーツでどうやって家に帰る気だったんだろう？　きっとあの瞬間は先のことなど考えてないんだよなぁ。

お金の損得ばかりでケチ。

大阪の人間は、よくこんなふうに言われがちである。だけど、あの道頓堀川に飛び込んで「得」をした大阪の人っているんでしょうかね。

「オレ、あんとき、飛び込んでーん」

というネタで後々笑ってもらえる小さな得はあるかもしれないが、冷静に考えると、服濡れる・大腸菌怖い・ケガする、などの「損」な要素ばかりではないか。

阪神が優勝したら、また絶対に飛び込む奴がおるで。

世間さまが期待しているのを察し、つい調子に乗ってやってしまうサービス精神。大阪人はいつも損得ばかりで動いているわけではなく、ときには、損をしてでも笑いを選んじゃう清々《すがすが》しさを持ち合わせているように見える。

わたしの隣で、川に飛び込む全裸の若者たちを見ていた仕事帰りのおっちゃんは、

「おぅ、おぅ、アホが飛び込んどるなぁ」

などと目を細め満足そうに笑っていた。ワシも若かったらやるのになぁ、という心の声が聞こえてくるようだった。

ウケる、笑わせる、ということがこんなにも重要なのは、日本、いや世界でもここだけではないかとわたしはしみじみと見ていたのだった。

東京のデパートでやっていた大阪の物産展では、
〈551蓬莱《ほうらい》〉が40分待ちの列でした

大阪人の胸のうち
「阪神タイガースエピソード①」
優勝の夜の戎橋の上はパニックでした
橋の上
ぎっしり
橋の上には、トランクスやスニーカーが散乱……
全裸で飛び込む人が増えてたからです
わーっ
わーっ
スーツの人が手すりに立つと歓声が大きくなります
いくでー
おーっ
アホー
ポケットの中身をいそいで同僚に渡しダイブします
サッ
ようやるわ
わたし
ねーさん！（初対面でもこうゆう呼び方をしたりする）
ん？
くるっ

ちょっと
服、見とって
もらえます？
ええよ
川に飛び込む
知らない若者の
服を預かる
わたし
あたしゃ
オカンか？
ドボ
ドボ
ありがとう
ハイ
川、
冷たかった？
川のほうが
ぬくかった
へー

大阪人と京都人

——「やっぱり大阪の子やなぁ」

東京ではずいぶん長く「京都ブーム」がつづいている。ちょっとオシャレな女性たちは、京都、京都と盛り上がり、こまめに旅などしているようである。

わたしは大阪で生まれ育ち、高校生まではずっと地元の学校で、就職も大阪だった。しかし、短大だけは京都の学校だったので、2年間、京都に通っていたことがある。

短大に通うまで、わたしは大阪も京都も同じようなものだとばかり思っていた。大阪と京都など電車に乗れば近いもの。高校生のときに友達と河原町のデパートに買い物に行ったこともあるし、別になんの違いもないと感じていたのだ。

しかし、短大に通い出して、あることに気づいた。

京都在住のクラスメイトが、ことあるごとに、

「やっぱり大阪の子やなぁ」

というセリフを言うのだ。

別に悪口とかではなく、例えば、何かわたしがトボけたことを言って笑いが起こったとき。すかさず京都の友達が、

「やっぱり大阪の子やなぁ」

と言うのだ。大阪の子は面白いなぁ、という、いわば「褒め」の意味である。

わたしが、たこやきを買ってきて学校の庭で食べていたら、

「やっぱり大阪の子やなぁ」

また、京都の友達にこのセリフを言われた。

この子たちは、なんでこういうことを言うんだろう？　わたしたち、同じじゃない。

しかし、そう思うのはこちら大阪人側だけで、彼女たちには、はっきり京都人としての線引きがあったのである。一緒にされたくない、という、なにか凜としたものが……。

そのことに気づいてからは、できるだけわたしのほうもその心づもりで接するようにした。京都の友達は、自分や親が贔屓《ひいき》にしている、地元の和菓子屋さんのことなどを語るのが大好きなので、そういう話題になったときは、

「さすが、京都の子は違うなぁ、こだわりがあるんやなぁ」

できるだけ大袈裟に感心するようにした。京都のこととなると、あんまり謙遜しないのが彼らの特徴だと気づいたときには「へぇ～」と思ったものだった。

とは言うものの、若い世代のわたしたちは、大阪弁、京都弁といえども、使う言葉もほとんど同じ。たまに、ちょっとしたイントネーションの違いはあるけれど、ほとんど区別

はつかないくらいである。

京都の短大に通って、はじめて違う出身地の友達ができ、わたしにとって面白くいい経験だった。


それはさておき、東京で暮らしていて、わたしが大阪出身者だとわかったときに、褒め言葉のひとつとして、たまにこんなことを言われる。

「大阪っぽくないですね、なんか京都っぽい」

わたしは声が幼稚なせいか、標準語でしゃべっているとおっとりと感じる方もいるらしい。どうもわたしが大阪弁で話しているイメージがつかめないようで、じゃあ「京都っぽい」となるのかもしれないが、それと同時に、大阪人みたいにガヤガヤしてないですよ、雅《みやび》な京都人っぽいですよ、と気を使って言ってくれているのをひしひしと感じるのだ。

別に、そんな気づかいはいいのになぁ。

そう思うものの、「京都っぽい」と言われれば、

「あら、そうですか？　ありがとうございます」

と返事はしている。でも別に本当に羨ましいんじゃない。京都もいいけれど、わたしにはやっぱり大阪が一番しっくりするのである。

「京風たこやき」って、どんなん？
京風たこやき
たこやき
東京に遊びに来た大阪の友人から質問されました

大阪人の胸のうち
「困ったときの」

「そう、うまくはいきませんよ」

っていうのを、

「そうはイカのキ○タマや〜」

？

などと言うのは、大阪だけではないのかもしれません
あ、
○に入る文字わかりますよね？
下ネタです念のため
あっ
わたしは言いません念のため

昔、うちの父が
そうはイカの
と言いかけたことがあったのですが、
……………
家族構成を思い出したようで
妹
わたし
母
途中で変えたことがあります
なんちゃらや
なんちゃらって
「なんちゃら」って、わたしは使ったことないけど
なんちゃら言う名前やけどなんやったかいの～
うーん
などとうちの父はよく使ってます

大阪人と大阪弁

——カミングアウト後の大阪人

大阪出身なんです、と東京で言うと驚かれる。わたしが普段まったく大阪弁を話していないからだ。

「大阪弁ぜんぜん出ないんですね」

それを言うなら新潟県や岡山県や鹿児島県出身の友達だって方言ではないのに、驚かれるのは大阪出身者だけ。言い換えれば、大阪人は東京に来ても大阪弁で通している人が多いと思われているからだろう。

しかし、実のところ大阪弁をしゃべらない大阪人に東京で出会うことも、結構多いのである。初対面の人とあれこれ話していて、ふと出身地の話になったとき、

「わたし大阪なんです」

「え？　わたしもですよ」

なんてことは、ちっとも珍しくないのだ。そして、たいていは軽く驚きあって終了。いくら大阪出身同士と判明したからって、

「ほんなら、ここからは大阪弁にしよか」

というのは、まず、ない。だって、明らかにしらじらしいじゃないですか、数秒前まで標準語だったふたりなんだから。困るのが、そこに大阪出身じゃない第三者がいた場合である。彼らはたまに無謀なリクエストをしてくる。

「じゃあ、ちょっと、ふたりで大阪弁で会話してみてくださいよ、はい、スタート！」

はい、スタートと言われて、一体わたしたちはどうすれば良いのでしょうか……。

それもこれも、すべて大阪人に対する言葉のイメージの強さのせいである。


大阪人はどこで暮らしても大阪弁で通す。


確かにそういう人もたくさんいると思う。だけど、しつこいようだが、そんな中でナチュラルに標準語へと移行している大阪人も少なからずいるのである。わたしで言うならば、別に大阪弁がイヤというわけではなくて、こだわって使わなくてもいいかなぁ、というライト感覚。ちなみに大阪に戻ればもちろん普通に大阪弁である。

などと言うと、

「大阪人やったらどこに行っても大阪弁でええやん」

と自分の強い大阪論を投げかけてくる大阪人がときどきいる。しまいには「大阪を捨てた、捨てない」という流れになっていたりして、わたしはこういうとき、言葉だけが大阪人の特徴なのかなぁと首をかしげてしまうのだ。

さらに、この手の人は「ボケ、ツッコミ」についても語りたがる傾向がとっても強く、

「東京ではボケても誰もつっこんでくれへんし、ホンマ淋しいわ、大阪やったらここでツッコむやろなーっちゅうとこでも、なんも反応ないし。おいおいおいって感じっちゅうか」

などと、周囲の人間がどうつっこんでいいのかわからないセリフを口にしてしまう。

ちゅーか、アンタの話、いっつもスベっとるがな〜。

わたしの心のツッコミは永遠に届きはしないのです。

とにかく、大阪人ならば大阪弁うんぬんよりも、もっと周囲へのサービス精神で大阪をアピールしてもらいたいところである。

とはいうものの、わたしは大阪弁が好きだ。普段はまったく出ないけれど、心の中では日々大阪弁で暮らしている。「うっそー」と言う前には、必ず「なんでやねん」という言葉が一度浮かんでいるし、「カッコつけすぎだよね」のときは「なにイキッとんねん！」が。

こうして瞬時に直訳できているわたしの脳ミソは、大阪にいるときよりも活性化されて

いるような気がするのである。

大阪人の胸のうち
「動物園にて」
大阪の動物園でのことです
ZOO
親子づれが
お父さーんゾウ!!
象のオリの前でしゃべってました
ほんまや
あのゾウ何してんの?
立ってるだけ
おなかすいたゆーとんねん
大阪弁ってゴリ押しが似合う
ふーん

大阪人の胸のうち
「ビミョーです」
同じ大阪出身でも、友達との大阪弁がビミョーに違いました
おかあさん
おかあちゃん
わたし
友人
うちの家
うっとこの家
わたし
友人
そんなん言うても
そんなん言うたかて
わたし
友人
言うてんやん
言うてんか
わたし
友人
「いただきます」とわたしが言ったとき友達が
よろしゅうおあがり
と言ったときは、ちょっとびっくりしました
ドラマみたい
美味しいなー

大阪人とお好み焼き

——主食？　それともおかず？

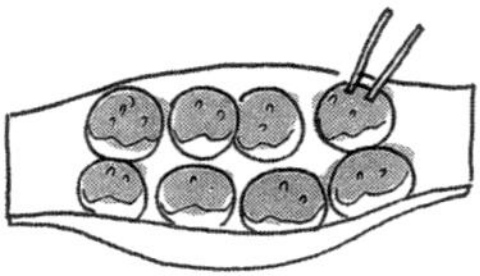

「大阪の人って、お好み焼きとご飯、一緒に食べるんでしょう？」

東京でよく言っていただくこのセリフは、何度も申し上げますが、いわば大阪人へのサービストークだとわたしは認識している。

まぁ、それはそれとして、では、このお好み焼きとご飯、実際はどうなのか。

実家でお好み焼きをしたときに、ご飯をよそった茶碗を左手に持ってお好み焼きを食べる、というルールはなかった。

お好み焼きは、言うなれば焼飯のようなもの。すでにご飯におかずが混ざっているような状態なのだから、白いご飯をわざわざ一緒に食べる必要がない、ということは、いくらなんでもわかっているからである。

ただし、である。

お好み焼きというメニューといえども、いつもの食卓で、いつもどおり家族で食事をしているわけで、

「あ、そういえば、まだ朝のご飯残ってたし、食べよかな」

こんな流れになっても不自然ではないだろう。母親に白いご飯をよそってもらい、そのへんにある味付け昆布をのっけてさくっと食べる。別に、ご飯の上にお好み焼きをのせてがっつくわけではないのである。

家でお好み焼きを食べる。

わたしの実家で言えば、結構多かった。日曜日の夜などは、

「今日、お好みでもしようか」

などと、メニューを考えるのを放棄した母がよく提案していたものだ。そういう家庭が大阪にはたくさんあるんじゃないかと思う。

ホットプレートでお好み焼きを焼きつつ、昨日のおかずのコロッケも隅のほうで一緒に焼いちゃう。残っているご飯をおにぎりにして、これも一緒に焼いちゃう。

生活に根付いたメニューだから特別感（多少はあるけど）がなく、普段の食事の延長上なのである。

だから、お好み焼きとご飯を食べることが「ヘンではない」という流れになっているのではないだろうか。

わたしは学生時代にずいぶん長い間、お好み焼き屋さんでアルバイトをしていたが、お好み焼きと一緒にご飯を注文するお客さんは少数派だった。それでも、一定数はいるもので、一日に何組かは、白いご飯やおにぎりを注文する。そして、スタッフであるわたしたちも、そのことに違和感は感じず、

「追加でライス1お願いしまーす」

などと普通の顔で、厨房に大声でオーダーしていたものである。

つい、いつもの家でのクセでご飯も食べたくなる。

それを、わかる、わかる、と思う。

「ヘンなの〜」とクスクス笑ったりはしない。

しかし、その光景を偶然に目撃してしまった他地方の方々が、

「大阪の人って、お好み焼きとご飯を一緒に食べてるぞ！」

と、ヘンな目で見ても仕方がないとは思う。だって、お好み焼きライフの背景をご存じないのですから……。

実家で食べるお好み焼きは美味しかった。母は、山芋をすり下ろしたり、だしを入れたりして本格的に作ってくれていた。クラスメイトの中には、家でお好み焼きを食べたことない、という子もいたし、大阪のどの家庭でも同じとは思わないが、お好み焼きは、わた

しにとって「おふくろの味」のひとつなのである。

大阪人の脳のうち
「あだ名」
あだ名って全国的に似たようなもんですかね？
わたしの名字は「ますだ」ですが
うち～
「まっすん」と呼ばれていたこともありました
全国のますださんの「まっすん」率はどうなのでしょう？
あだ名に小さい「っ」が入ってる子って多かった気が……
たとえば、
くすだ
←
くっすん
もりた
←
もっさん

まつだ ← まっつん
「やん」も
わりと
いました
いけだ ← いけやん
やまもと ← やまやん
ちなみに
うちの父は、
会社員時代
「まっさん」
だったよう
です
うーん
全体的に
あんまり
オシャレじゃ
ない気が……
あだ名って
地方によって
変わるんですかね？

大阪人と「ちゃうねん」

――言い訳の枕詞

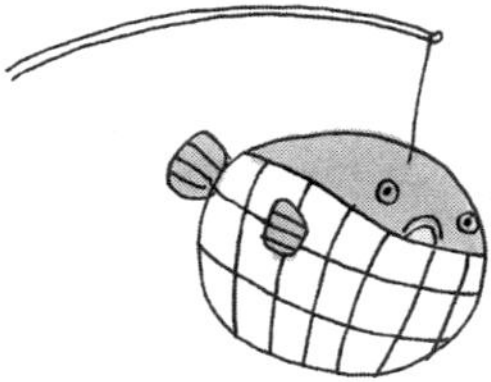

否定しながら人がやって来るまちに住んだことがありますか？　わたしはあります。大阪では、ときどきそういう人に会える。

これはどういうことかというと、例えば、待ち合わせの時間に大幅に遅れて来た場合、

「ちゃうねん」

というのが相手の第一声だったりするのだ。

わたしの学生時代の友達に、たいてい遅刻してくる子がいた。彼女は申し訳なさそうに走って来つつも、5メートルくらい前から「ちゃうねん」と発声する準備をしている（ように見える）。そしてわたしの前に到着すると、案の定「ちゃうねん」と言うのである。

「ちゃうねん、もう家出よかぁ、いうときに友達から電話かかってきてな……」

「ちゃうねん、目覚まし鳴らんかってんやん、この前、買うたばっかりやのに腹立つやろ……」

などと、「ちゃうねん」のあとのセリフは日によって違うものの、その後どんどん遅刻本来の理由から離れていくところは共通している。そして、わたしはといえば、

「とりあえず歩こか」

と遅れた時間を取り戻しつつ、彼女の話を途切れさせぬような優しい気配り。

ってなんでやねん!!

待たされたほうが気を使ってやるとはどういうことなのだ。

とは言うものの、わたしはこういうやりとりを懐かしいなぁと思う。大阪にいる頃には普通に流していたが、東京に来てからはこんな場面にはなかなか出会えない。

最初に「いいわけ」なんておかしい。そう言ってしまえばそのとおりである。全国的に考えると、人を待たせてしまった場合、まず謝るのが礼儀になっているはずである。なのに彼女の場合は「ごめんなー」ではなく「ちゃうねん」。なんて、いさぎよくないんだと呆れる人がいてもおかしくない。

しかし、この「ちゃうねん」は、やっぱり大阪人のサービス精神のひとつになるのではないかとわたしは思うのだ。

これは、いわば彼女なりのショータイムの合図。

これから遅れた理由を楽しくしゃべりますよ〜
一回くらいは笑わせますよ〜

待ち合わせ場所に向かいつつ、彼女はわたしに会ったときの場面をすでに頭に置いて話す手順を考えているはず。出だしの「ちゃうねん」は鳴り響く出ばやしのようなもので、待たされている側のわたしは、この出ばやしで怒るタイミングを一瞬見失う、または一呼吸おかされてしまうのだ。

さて、この開口一番の「ちゃうねん」だが、変化球として照れ隠しにも使われる。うちの父の場合は、よくこんなふうに家に帰ってきた。

「ちゃうねん、ワシ出かけるまでは覚えとったんや、ほんで玄関までは持ってきとったんやけど、そしたらそんときに……」

忘れ物をして家に取りに帰ってきたときに「ちゃうねん帰宅」をするのだ。

わたしはまたしても、

なにがちゃうねん、忘れ物しただけやろーが!!

と心の中でつっこみつつ、

「失敗したことはわかっとるから、なんも言わんとってくれ〜」

という父の心の合図と受け止め、知らんぷりしてあげるのだ。

まぁ、どっちにしても、いきなり「違う、違う」と言いながら人間がやって来るのは不思議な光景なのである。

大阪人の胸のうち
「ちゃうねん」
ちゃうねん
ちゃうねん ちゃうねん
ハーハー
ちゃうねんって
なにがや
ちょー待ってって
待っとるし
この場合の、彼女の「ちょー」は「超」ではなく、
くるっ
「ちょっと」の略です
ここらへんで、やっと遅刻のいいわけです
ちゃうねん 朝から どーの こーの
ほんま ごめんなー
大変やったな
って、なんで ねぎらっとんねん

大阪人の受け答え

——一にも二にも「サービス精神」

以前、岩手県をひとり旅したときのことだ。駅前から出ている定期観光バスを利用したのだが、乗客はわたしを入れて12〜13人ほど。だいたいが夫婦、家族連れという顔ぶれだったが、その中に大阪人のおっちゃん、おばちゃん4人組というのも参加していた。

そして、この4人組のおかげで、わたしはバスに乗っている間ずーっと気楽でいられたのだった。

彼らは、バスガイドさんのどんな質問にも、絶対に答えてくれる。

「みなさま、今日はどちらからお越しですか？」

「大阪〜」

「岩手の方言で○○の意味はわかりますか？」

「うーん、なんやろ、わかりませーん」

バスガイドさんの話に間髪入れずに反応する。他の乗客たちも、たまに自分の得意分野の質問があれば発言するものの、全部に答えているのは大阪4人組だけである。

わたしは、これを「でしゃばり」「目立ちたがり」だけで片づけてしまうのは、ちょっと違うのではないか、とそのとき、感じていたのである。

バスガイドさんは新人で、まだまだ話術もつたなかった。だけど、一生懸命なのは見ていてわかるし、応援したい気持ちもある。だから彼女に質問されれば応じてあげたいのだが、

「さきほどのお寺はいかがでしたか？」

などという、答えようのない質問をされたときは、さすがに一瞬バスの中は静まるものだ。わたしだって大阪人魂としては盛り上げたい気持ちはあるものの、なにぶんひとりぼっちで参加している身としては勇気もない。そこへ、助け舟を出してくれるのが、例の大阪４人組なのである。

「お寺、すごい良かったで〜！」

あきらかに社交辞令的な返事だし、他の客にはしらじらしいと思われることはわかっていても、それでもやっぱり答えてしまう。目立ちたい、という気持ちだけではなく、バスガイドさんのためになんか言ってあげようとする、その「優しさサービス」を、あのバスの中にいた他の人たちにはちゃんと伝わっていただろうか？　わたしはこういうところで、大阪人が誤解されると淋しい気持ちになってしまう。

定期観光バスの帰り道は、だんだんと睡魔が襲ってくる。ちらほらと眠っていた人もい

たが、大阪４人組は最後までバスガイドさんを盛り上げていた。そして、わたしは、「誰かバスガイドさんに返事をしてあげないとかわいそうだよ」

というプレッシャーから解放され、リラックスした状態でバスに揺られウトウトしていたのである。

話は少しそれるが、

「最後にご質問のある方いらっしゃいますか？」

などと、司会者が会場に質問を求める場面には、人生においてよく出くわすものだが、ああいうとき、大阪人とそうでない人の心臓のドキドキ感は同じなのだろうか？

なにか質問しないと悪い。そうは言っても、かしこまった席で質問をするのは緊張するし、無言を決め込まねばならないこともある。

だけど大阪人はこの「なにか質問しないと悪い」という感情にプラスして、

わざわざ来てくれはったのに気の毒だ……

と、自分を責める気持ちが、他の地方の人より強いのではないか？

わたしはそんなふうに思えてならないのである。

大阪人の胸のうち
「オカンのセリフ」
ごくろうさんなこって
母→
よく母が言ってたセリフです どうゆうときに言うかといえば
いってきまーす
学生時代のわたし
あ
忘れもんした
ごくろうさんなこって
忘れ物して また戻って来た ドジを冷やかす かんじでしょうか

大阪人の胸のうち
「オトンのセリフ」
父がよく言ってたセリフ①
ちゃっちゃとせんかい（さっさとしろ）
その②
なに、ちんたらしとんねん（のろのろするな）
その③
ええから早よせえ（なんでもいいから早く）
などと、父の「いらち」なセリフが思い出されます
その④
なんべんも言わすなよ
その⑤
いっぺんしか言わんど
やれやれです

大阪人と九州人

――ビミョーなズレ

東京で会う初対面の人に「大阪出身です」と言うと、

じゃあ、あなた、ひょっとして面白い人？

という、先方からの軽い光線を浴びせられる。何度も言うように、大阪人の中にも面白いことを言わない人もいるし、ひかえめな人だってわたしは何人も知っている。そんなことは全国の人もわかっているはずだろうけど、

「ひょっとしたら面白い人かもしれない」

と念のために様子をうかがわれているように見受けられるのである。

これと似ているなとわたしが思うのは、九州出身の男性である。九州男児。人はまず、その言葉のイメージを浮かべずにはいられないのではないでしょうか？　そういうわたしも「九州出身」と聞かされると、男女を問わず、失礼のないようにしないと叱られてしまうかも！　などとキリッとした姿勢になってしまう。

東京で暮らしているといろんな地方の人と会うわけだけど、とりわけ九州人と大阪人は、自分の出身地をあれこれ言われるのが好きだなぁと感じる。前にも書いたが、出身地とい

うより「人」としての気質を褒められたり、面白がられたりするのが大好き者同士というのでしょうか。そういう意味で、わたしは九州出身の方々に親近感を持っているのだが、先方では、大阪とか東京とか目じゃないというか、とにかく九州にこだわってどーんと構えているように見える。

どーんと構えている、というので思い出したが、こんなことがあった。

2003年の阪神タイガース優勝の夜。わたしは大阪ミナミの戎橋の上にいたことは前に書いたが、実は、優勝前夜も橋の上にいたのである。前日に優勝が決まるかもしれなかったので、念のために一泊していたのだ。

優勝前夜は、川に飛び込んでいる人は「少なかった」。そう、少ないけれども、なぜか優勝も決まっていないのに飛び込んでいる人たちはいたのである……。

最初のうちは、誰も飛び込む気配はなかった。だってまだ優勝してないんですからね。しかし、次第に夜も深まり通行人が増えてくると、

誰かアホな奴が飛び込まへんかな〜

という空気が橋の上に充満してきた。そこで仲間たちにノセられたひとりの青年が、橋

の手すりに立ち上がった。

「アホや、アイツ飛び込みよる！」

通行人たちから歓声があがった。こうしてひとり目がポチャンと川に飛び込み、そうなると、

「さぁ、次のアホは誰や？」

と盛り上がってくる。お前行け、アホか、お前行け、などと橋の上で楽しげな小競り合いが始まり、そのやりとりにも笑えてくる。

すると、どこからともなく九州から遊びに来たという青年が現れた。彼は大阪の若者たちの間を割って入り、ならば俺が飛び込むとばかりに手すりに立ち上がった。またもやワーッと歓声が上がり、九州青年が派手に飛び込むと大拍手だ。

彼は岸に泳ぎついたときに、橋の上にいる人々に大声で叫んだ。

「これが九州男児や!!」

そのセリフを聞いた大阪の青年のひとりが、ひとり言のようにこうつぶやいたのをわたしは聞き逃さなかった。

「なんかちゃうな〜」

ああ、そうなのだ……。

悲しいことに、ちょっと違うのだ。確かに九州の青年はカッコ良かったのである。大阪の男の子たちが「お前行け、アホか、お前行け」などとガヤガヤと押し付け合っている中を、「九州男児のオレがいく」と飛び込んだ姿は凛々《りり》しかった。だけど、戎橋からあの薄汚い川に飛び込むという行為は「度胸試し」などではなく「アホ試し」……。カッコ良さは、むしろマイナスになるのだ、ということを理解していないと、観客とのすれ違いが起こってしまうのである。

その後、数人の大阪の若者が川に飛び込んでいたが、飛び込む気がなかった子がノセられて飛び込んだときほど「アーホ、アーホ」という外野からの掛け声サービスは大きかった。

あの九州の青年には武勇伝になっているであろう夜も、「アホ」に重きを置いてしまう大阪人には、彼のカッコ良さが伝わっていなかったのである。

大阪人の胸のうち
「阪神タイガースエピソード②」
2003年阪神タイガース優勝前夜、
道頓堀川
戎橋
前夜祭などと言ってダイビングしている人がちらほらいた
それを見るわたし
わー
最初は盛り上がっていたけど
わーっ
同じ人ばかり飛び込み始めて観客も飽きてきた
おもろないの〜
わたしの隣にいた男の子が、話しかけてきた
なーなーなー
自分（キミ）、飛び込まへんの？
え
今、女が飛び込んだらめっちゃ目立つで

もう、男飛んでもおもんないし
あ〜〜〜
オレ、女やったら今、ぜったい飛び込むわ
マジ
めっちゃウケんで
えーなー
マジでめっちゃウケんで
アハハハ
笑って流す
飛び込むんやったら
オレ、めっちゃ盛り上げたんで
オレやったら
ぜったい飛ぶわ
マジ
アンタ、大阪の男やの〜

大阪人と吉本新喜劇

——あの「ワンパターン」がいいんや

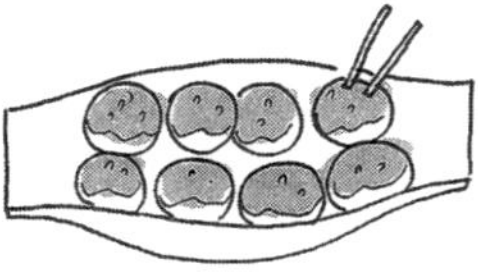

吉本新喜劇。

土曜日に学校から帰ってくると、必ずこの番組を観ながら昼ご飯を食べていた。ものすごく楽しみにしていたわけではないのだが、すっかり「癖」みたいになっていた。必ずチャンネルが合わせてあるので、母と妹と3人で、母が作ってくれた焼飯とか、ラーメンとか、うどんとか、ソーメンとか、そういうタイプのものを食べつつ観ていたものである。ちなみに父は土曜日もたいてい仕事だったので、父と一緒に観たことはない。わたしにとって吉本新喜劇は、休日前に、気を使わない女同士で観賞する「まったり」とした存在だったのである。

母と妹とわたし。同じように新喜劇を観ていても、それぞれ微妙に好きなところが違った。母は、寛平ちゃんのサルのモノマネなどでよく笑っていたけれど、わたしは誰かが「ブチ切れる」というパターンが好きだった。例えば、池乃めだかさん（小柄な人）を子供と間違えて「お菓子やろか」などと言ったりして、一瞬、めだかさんまでが「おじさん、ありがとう」とお菓子をもらいかけ、最終的には「わしは大人じゃ！」などと怒り出す、なんていうのが好みだった。

役者さんが登場してきたとき、「ああ、今日はこの人が出るから、あのネタがあるんだな」というのは毎週観ているからわかるわけで、それが自分の好みのパターンだったら嬉しいものだった。


わたしが初めて吉本新喜劇を劇場で観たのは、大阪で会社員をしていた頃だった。会社の福利厚生かなんかで、従業員全員にレジャー券がもらえたのだが、3種類から選ぶことができた。

1　映画ペア券
2　プール券
3　吉本新喜劇券

1、2はわかるけれど、3は、さすが大阪の会社である。
じゃあ吉本新喜劇に行ってみようと、同僚の女の子たちと観に行ったわけである。

大阪人が吉本新喜劇をよく知っているといっても、実際に劇場で観たことのある人はわたしのまわりにはほとんどいなかった。このとき行った3人も初めてである。あれはテレビでご飯食べながら観るもの、という感じなんだろう。

なんばグランド花月は、とにかく会場が大きい。それから、劇だけを観るのかと思っていたら、前半は漫才の舞台まであるのだから驚いた。西川のりお・上方よしお、今いくよ・くるよなど、昔からの馴染みある漫才師がわんさか出てきた後、休憩をはさみ、第二部として新喜劇が始まるのだ。1枚のチケットで3時間近く楽しめるなんてお得だなぁと感心したものだった。

この本を書くにあたり、久々に吉本新喜劇を観てみようと思い立ち、大阪に住む母と一緒に出かけてみた。母と行くのは2度目である。

相変わらず、年配の団体客がたくさんいて、観客の平均年齢はものすごく高い。肩ひじはらぬ気ままな雰囲気だ。第一部の漫才が始まる前から、観客たちはビールやお弁当で盛りあがってる。会場内にも売り子さんたちがいて、焼そばやらたこやきのいい匂いをさせながら売り歩いている。なんだかお祭りみたいな騒がしさだ。

漫才が始まってからも飲み食いはつづき、いいなぁ、こういうの楽しいなぁと思う。おじいさんやおばあさんが笑っているのを見て、つられて大笑いさせられたり。歳《とし》の違う人たちと一緒に笑う。今の生活ではなかなか経験できないから新鮮だった。

休憩時間にトイレに行って「へぇ〜」と思ったのは、尿もれパッドが無料で置いてあったことだ。笑ってちびってしまう方も、トイレの近い方も、これなら安心である。正確に言うと、わたしが行ったときには、もう一個もなかったのではあるが、そういう心配りがあるのだ、とわかっただけでも「でかした」という気分になる。

ひとつだけ残念だったことがある。

それは、大阪を離れてしまったわたしのせいでもある。

ワンパターンで成り立っている新喜劇の笑いの、「ワンパターン」がわからなかったのだ。次はあの人ああ言うぞ、そのあとズッコけるぞ。大阪にいた頃なら流れがわかっていたのに、久しぶりに観ると、知らない役者さんがほとんどで、彼らがどんなワンパターンを持っているのか、当たり前だけど、わたしにはわからなかったのだ！　東京の友達が、ビデオに撮った新喜劇を観て「イマイチだった」と言っていたのを、ふと、思い出す。そうか、ワンパターンを予期できないと、新喜劇の面白さは何割か減るんだな。自分の中の「大阪」が薄れてしまったようで、ちょっぴり淋しくなったのである。

大阪人の胸のうち
「時代とともに」
ほんま
ドンならんで
などと、うちの父はよく言いますが
子供の頃はどういう意味かなって思ってました
でも、それを聞くのは
なんとなくやぼったい気がして、聞かなかったけど
いつのまにかわかってきました
どうしようもない、みたいな感じでしょうか

大人になったからといって「ドンならん」をわたしは使ってません
友達で言ってる人も知りません
おっちゃんたちが使うタイプの大阪弁というか、
昔の大人が使う大阪弁というか、
「ドンならん」はいつか消えてゆくのかもしれませんね
他にも消えてゆく言葉があるのかも……
さっぱりわやで
けったくそわるい
とか……
時代は変わってゆくものだし、
それもまた、「ドンならん」
(使い方、あってるかな)

大阪人の当たり前

——「耐寒《たいかん》遠足」が通じない！

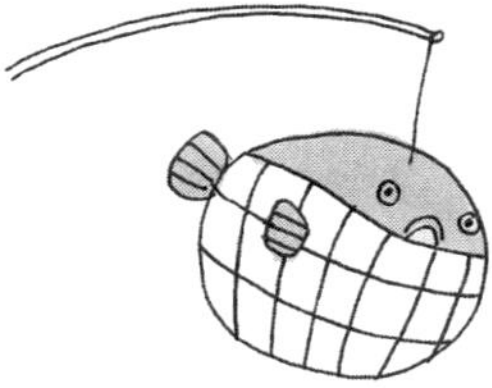

生まれてからずーっと同じまちに住んでいると、「当たり前」と思っていたことが、実は「当たり前じゃなかった！」という事実に直面することがある。

秋田県出身の知り合いが、

「小学生のときは、秋になると、鍋っこ遠足したよね」

と当たり前みたいに言っていたが、「鍋っこ遠足」って一体なに……。聞くと、河原などできりたんぽ鍋をみんなで食べるのだそうだ。とっても美味しそうだし、とっても楽しそうだけど、たぶん一部の地域独特のものだと思うので、「当たり前」の顔で発表しないほうがいいです。などと言っているわりに、

「冬は、耐寒《たいかん》遠足だったよね」

わたしが当たり前の顔で言うと、みんなに「はぁ？」と言われた。あれ？　耐寒遠足って知らない？　小学生のとき、冬にひたすら山とかを歩く遠足だよ。毎年真冬になると、うちの地域では絶対にあったんだけど。真冬でも半ズボンを貫いている男子の太ももが、寒さで紫色になっていたっけなぁ。耐寒遠足って全国展開ではないのだろうか？

こんなふうに、離れてから気づいた「大阪の当たり前」は、なぜかちょっと嬉しいものである。

そういえば、東京の友達に、大阪駅周辺の地図の説明をしたとき、

「マルビルの手前にヒルトンがあってね」

と言うと、

「マルビルってなに？　丸井のこと？」

と聞き返された。えっ⁉　マルビル知らないの？　あの丸い茶色いビルだよ？

マルビルが、ヒルトンホテルと同じくらい有名と疑わなかったわたしだが、それほどの知名度がないと知りびっくりした。

他地方の人に質問されてびっくりしたことは、他にもいろいろある。

「宝塚って大阪？」

とか、

「おはよう朝日ってなに？」

とか、

「タージンって誰？」

とか、

「ひらかたパークって有名？」

とか、

「十三ってどう読むの？」

とか。そんなん当たり前のことやんか〜。つっこみたいところだが、全国レベルで言うと、当たり前のことではないようなのである。ちなみに宝塚は兵庫県で、「おはよう朝日」は朝のテレビ番組で、タージンはタレントさんで、ひらかたパークは古くからある遊園地で、十三はじゅうそうと読む駅名です。

中でも一番驚いたのは、大阪のおすすめの美味しいお店を教えてと、東京の友達に聞かれたときのことだ。

「わたし、あんまりお店とか知らないの。大阪にいた頃は、がんこ寿司とかしか行かなかったから……」

わたしがそう答えると、

「えっ、がんこ寿司ってなに？　そこ美味しいの？　がんこなおじさんがいるの？」

などと食いつかれて驚いた。

「がんこ寿司」って、あのどこにでもある「がんこ寿司」だよ!?　同窓会をしている人たちが必ずと言っていいほどいる、あの「がんこ寿司」だよ!?　繁華街で空を見上げれば、がんこそうなおじさんのイラストの看板と目が合ってしまう、あの、あの、「がんこ寿司」を知らないわけ!?

ずーっと大阪にいる大阪人は、ひょっとしたら日本全国の人が「がんこ寿司」を知っていると信じているのではないだろうか。(「がんこ寿司」はチェーン店の居酒屋さんです、念のため)そういえば、東京で一度「がんこ寿司」を見かけたことがあるけれど、「あっ、がんこ寿司だ!」と立ち止まるくらい久しぶりだった気がする。おそらく、まだわたしの中には、いくつかの「大阪の当たり前」が眠っているような気がするのである。

大阪人の胸のうち
「でん」
ポカーン
それどうゆう意味？
え？、
東京の人
ひょっとして
「でん、ついて帰って来た？」
そうか〜これ方言か〜
注目
でん
えーっと
でん、はタッチみたいなもので
たとえば
でーん

鬼ごっこの
鬼が、誰かに
タッチするときも
でんと言いました
あの木に
一番に
でんついた
人が勝ち
うん
あっ
とゆうわけで
でんと言わない
地域の人たちは
鬼ごっこのとき、
なんて言うのかな？
「でんついて
帰って来た」
の意味は、
かけっこのときも
でんが出て
きました
「あっという間に
帰って来た」
という感じ

大阪人と悪口

――悪口は東京に限る?

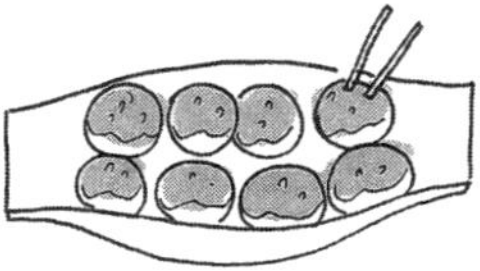

大阪人は東京の悪口が好きなんだなぁ。

久しぶりに大阪に帰って、大阪のテレビ番組を観るたびにそう思う。この前、帰省したとき、大阪のタレントさんたちがたくさん出ている番組を観ていたら「大阪と東京の違い」みたいなコーナーをやっていた。その中で、大阪の地下鉄のイスには座ぶとんがついているけど、東京の地下鉄にはついていない、などと紹介されていた。そこにいたタレントさんたちは、みな口をそろえて叫んでいた。

「え〜っ、不親切〜！」

座ぶとんといっても、薄いペッラペラのものなんだけど、それでも「東京に勝った！」という喜びでいっぱいである。しかし、その後、

「なんで東京は座ぶとんないのん？」

誰かがこう言うと、すかさずこんな声が飛んでいた。

「大阪は、痔の人が多いんちゃう？」

くだらなすぎて、思わず吹き出してしまったわたしである。

東京を悪く言っておけば、とりあえずＯＫ！

実はこれ、大阪人同士で考えついたコミュニケーションの方法ではないか？　とわたしは睨んでいる。だって、悪者がいれば団結しやすくなるし。

大阪のうめだ花月や、なんばグランド花月の舞台でも、出演する漫才師の一組、二組は「東京の悪口」をネタに組み込んでいるような気がする。

「東京の人は冷たい、それにくらべて大阪の人は〜」

トークの最初のほうに東京の悪口をチラッと入れる。単純だけど、聞いている観客のほうも、

「そうや、そうや、東京はアカン、やっぱり大阪や」

などと、ひとときの一体感というか、連帯感が出てくるというのでしょうか……。

漫才だけじゃなく、大阪の落語の寄席に行ったときも、

「東京の子供はなまいきですからねぇ」

子供まで引き合いに出して、落語家さんが大阪を盛り上げていた。

ちなみに、わたしが子供の頃に聞いた東京の悪口で印象に残っているのは、

「東京の人って、アホって言われると本気で怒るんやってぇ〜」

である。

小学校の遠足の朝。5〜6年生の頃だったと思う。学校からみんなで並んで駅に向かって歩いているときに、クラスメイトの女の子が、重大ニュースのようにわたしに言ったのだ。

「東京の人って、アホって言われると本気で怒るんやってぇ」

「えっ？（わたし驚いて絶句）」

「東京では、普通はバカって言うから、アホって言われると本気で怒るんやってぇ」

わたしはこのとき、ものすごく東京の人を「怖い」と思った。友達が言う「本気で怒る」は、グーで殴りかかってくるみたいなイメージがあったので、東京人の前では、絶対に「アホ」って言わないようにしようと、小さな胸に誓ったほどである。

そして、その友達はこうつづけた。

「大阪の人は、バカって言われると本気で怒るんやってぇ」

自分も大阪人なのに、まるで他人ごとみたいに話している友達。わたしは、一瞬、

「えっ？　わたしら、そこまで本気で怒るか？」

と疑問を持ったものの、そばにいた数人の友達が「わかる、わかる」という感じで同意していたので、流されるまま「東京って嫌やなぁ」とみんなで悪口を言いあっていたのだ

った。

大阪人は東京の悪口が大好き。子供の頃から、コツコツと積み上げている「流れ」でもあるので、なかなか消えてなくならないものなのかもしれない。

だけど、こうして東京に住んでみると、もちろんいい人にもいっぱい出会うし、東京のことばにも愛着がでてくるもの。大阪に帰ったときに、テレビで東京人の悪口なんかを聞くと、

「なにも、そこまで言わんでも〜」

などと、ちょっぴり弁護したくなるわたしがいるのだった。

大阪人の胸のうち
「大阪弁いろいろ」
「超」をあらわす言葉にもバリエーションがありました
①めっちゃ
②むっちゃ
③めちゃめちゃ
④むちゃむちゃ
⑤めっさ
⑥むっさ

⑦
もっさ
うーん
まだなんかありそう……
この中で実際にわたしが使っていたことがあるのは、
①から⑥までです
「もっさ」は、ちょっと変化しすぎな気がして使いづらかったです
現在わたしが(大阪人の友達の前や、実家に帰ったとき)使っているのは
めっちゃ
です
今の大阪の若者たちには、もっと違うタイプがあるのかもしれません

大阪人と方言

――懐かしの胸キュン大阪弁

東京に暮らしていても、大阪弁はとても身近だ。テレビをつければ「なんでやねん」「アホちゃうか」と、芸人さんたちが大きな声で当たり前のようにしゃべっている。故郷の方言を、いつでも普通に聞くことができる。

そのことになんの不思議も感じず、わたしはすっかり慣れっこになっている。だけど、例えば秋田県の旅番組を、秋田出身の人と観ていると、大阪弁は特別な方言なんだなと改めてハッとするのだ。

「今のおばあさん、なんて言ったかわかる？」

秋田弁がテレビで流れただけで、すごく嬉しそうにしているのを目撃すると、東京で自分の故郷の方言を耳にしても、何も感じることができない大阪出身のわたしとしては羨ましくなる。

そういう意味では、友達同士との飲み会の席などで方言の話題になると、わたしはますます羨ましい。

「山形ではこう言うんだよ」

「えっ、鹿児島ではこう言うよ」

「福島ではこうだよ」

ひとつの言葉を、自分の故郷ではこんなふうに言う、という話題はいつも盛り上がるのだが、「大阪弁」はとっても立場が弱い。東京でも馴染みがありすぎて感心してもらえないし、珍しがられない。わたしもみんなの前で、

「へぇーっ、大阪弁って面白いねー」

とびっくりしてもらいたいけれど、どう考えても大阪弁では無理なのである。

地方出身の友達が、普段はそーっとしまっている「方言」の箱を開けてみせてくれたとき、彼らのことが神秘的に見える。わたしの知らない方言を操っている友達は、わたしの知らない顔である。大阪弁は、みんなに「わかられすぎ」ていて、ちっとも神秘的ではないのだ。


しかし、最近ふと、わかられていない大阪弁もあるじゃないかと、気づいたのである。

まだ大阪に住んでいた頃。

好きになった男の子や、彼氏と電話で話したときの、あの、胸がドキドキする彼らの大阪弁といったら！

「今日、なにしとったん？」

小さい声でボソッと話す大阪弁。芸人さんたちのガヤガヤとしたオーバーな大阪弁とはまったくの別物である。

「今日寒かったなぁ」

「明日、迎えに行ったるわ」

彼らの、あの恥ずかしそうな優しい大阪弁は、大阪の男とつきあったことがない人には聞くことができない大阪弁だ。「なんでやねん」「アホちゃうか」さえも、恋人仕様では胸がキュンとくる。女たちが好きな男に使う大阪弁も、同じようにトーンが変わっているのだろう。

こういう大阪弁の雰囲気を、東京で知り合った友達にうまく説明できない。大阪弁はテレビで聞き飽きて「わかった感」が強いが、あれがすべてじゃないと伝えきれないのがもどかしい。

ちなみに、わたしの今の恋人は大阪人じゃない。もちろん、そんなことはどうでもいいのだが、ただ……もう二度と、大阪の男を恋人に持たないかもしれないんだな、と考えるとちょっぴり淋しい。

「ほな、切るで」

電話を切るときの、あんな可愛らしい大阪弁を耳にできないのはもったいない。そう思わずにいられないわたしなのである。

大阪人の胸のうち
「風のように」
大阪弁って
吹き抜ける
風のようだと
思うときがあります
（おおげさですが）
たとえば
「ちゃうやん」
（意味）ちがうよ
これを
風のように
言うと
こんなかんじ
ちゃーやん
「ちゃー」のところで
口を小さくし、
「ちゃう」の「う」の
存在を匂わすが、
ちゃー
それは
一瞬のできごと
なのです
これも風になります
「しゃあない」
（意味）仕方がない

しゃーない
これも風になります
「ぎょうさん」
（意味）たくさん
ぎょーさん
これも風になります
「しょうもない」
（意味）つまらない
しょーっない
「ーっ」の後、口を一瞬閉じ、音にならない「も」という言葉を入れます
なんか大阪弁って
よくツバが飛びそう……

大阪人と笑い

——笑わしてもらうサービス

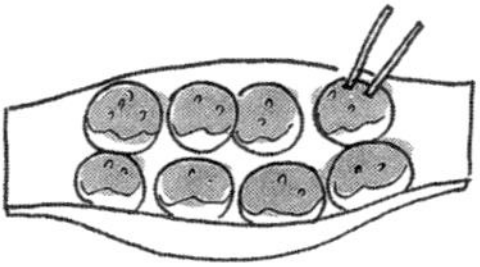

最近、大阪に帰省したときのこと。ブラブラと梅田駅周辺を歩いていたら、数人の若い男の子たちがチラシを配っていた。

「昼の公演、まだ間にあいます～」

どうやらうめだ花月の客引きをしているようだった。そういえば、うめだ花月にはまだ一度も行ったことがないし、時間もあるから、漫才でも観てみるか。わたしがこんなふうに思ったのは、もう大阪に住んでいない、いわば旅行者の感覚になってしまっているからだろう。

場所がわからないのでチラシをもらおうと、青年たちの前を横切るものの、なぜか、なかなかチラシを手渡してもらえない。わたしは、仕方なくひとりの青年に声をかけた。見たところ、22～23歳くらいだろうか。

わたし「うめだ花月ってどこにあんの？」

青　年「あ、すぐそこなんで、よかったら案内しますよ」

　というわけで、ふたり並んで歩き始める。案内してくれた青年は、髪をオシャレにセットし、なかなかのイケメンだ。

わたし「お兄さんも芸人さんなん？」
青　年「はい、まだ下っぱですけど」
わたし「うめだ花月にも出てんの？」
青　年「(びっくりして）いえ、そんなん、まだまだですよ」
わたし「ほんならどこに出てんの？」
青　年「小さいライブハウスとかで、タダで漫才観てもらったり。あっ、入場料100円とか」
わたし「へ〜、大変やなぁ。はよ有名なったらええなぁ」
青　年「有名なって、ちやほやされたいです」

　なんと素直な。ちやほやされたいと、照れもせずに答えた青年の顔をマジマジと見るわたし。うめだ花月に着くと「じゃあ、ここなんで」と、さっさと次の客引きへと向かった彼の後ろ姿を、わたしはぼんやりと見送っていた。

よくよく考えると、彼としゃべりながら歩いた数分間、話がとぎれないように気を使い、会話をリードしていたのは、全部わたしだった。大丈夫か、青年よ!? アンタ、ちゃんと芸人になれるのか?


いや、違うのだ。

そうじゃないのだ。彼がちやほやされたいのは、若い女の子のお客さんで、わたしのような中年ではないのだ。彼にとって、わたしはもう、自分の客としてのターゲットじゃないんだから、わたしを笑わせたり、会話を盛り上げても仕方がないのだ。それに気がついて、わたしは大きな溜息をついた。

そういえば、大阪に住んでいたもっともっと若い頃。ただ「若い女の子」というだけで、まっにいる普通の男の人が、わたしのことを笑わせようと頑張ってくれていた時代があった。それはバイト先のお兄さんだったり、中華料理屋や居酒屋やお弁当屋のおじさんだったり。笑わせてもらうことなど、当たり前だと思っていた。

だけど、今のわたしは「笑わしてもらうサービス」の対象から、少しずつ離れてきているのだ。

東京にいても、男の人たちのなにげない行動や、仕草や、目線で、「わたしも、もう若く見られていないなぁ」と思わされることはあるのだけれど、それとは別に、大阪という地で感じる独特のポイントが「笑わしてもらう」にあるように思える。

うめだ花月には、見たことも聞いたこともない、若手の芸人さんがたくさん出ていた。なんでこんなので笑うわけ？　というところで、若い人たちが声をあげているのを見ながら、わたしは改めて、自分が人生の第2ステージに突入しつつあることを、しみじみと感じていたのであった。

大阪人の胸のうち
「子供用」
子供用の大阪弁もありました
「ミーコイコイ」
トイレで母におしっこをさせられるときの掛け声でした
「まんまんちゃんあーん」
「仏だんに手をあわせて拝みなさい」というときに言われました
「怖いおっちゃん来るで」
「おばけ」って言われるよりリアルで怖かったです

「ポンポン痛なるで」
アイスクリームをおかわりするときは、必ず言われてました
「やいとすんで」
言うことを聞かなかったときに言われました
「やいと」とはお灸のこと
やいとすんで!!
「やいと」の意味はわからなかったけどこのセリフのときに母がマッチを持っていたので
熱いものだとは思ってました
ごめんなさい
わたしが大阪弁だと思ってるだけで全国共通のものもあるかも？

大阪人とダジャレ

——「華麗なる昼食」（カレーうどんとかやくご飯のセット）

どこの出身にかぎらず、ダジャレ好きな人、というのが一定数いる。

あれはなんだろう？　どういうつもりで言うのだろう？

いつも不思議でならない。

相手にダジャレを言われた後って「そのままにしていたら失礼」というのがあるわけで、こちらも、なにがしかの反応を示さなければならない。それが大人のマナーである。

まぁ、たいていは「やれやれ」というトホホな笑いでまーるく納まるけれど、相手が目上の人だったりすると、そうそう失笑をつづけるのは失礼ではないか？　と不安にもなる。

「うまいこと言いますね～」

たまには誉めなければいけない気がするけれど、こんなことで誉めるのもしらじらしいし。悩みどころだ。ダジャレ好きな人は、「やれやれ」というツッコミだけが欲しいのか、褒められたいのか。その変のところを明確にしてもらえると、ありがたいな、などと思うわたしである。

さて、そんなダジャレの成功例？を、大阪の知り合いが教えてくれたので書きたいと思う。メールで教えてくれたのだが、夜中に読んでひとりニヤニヤしてしまった。

知り合いの会社の、社員食堂のおじさんが、かなりのダジャレ好きらしい。メニューを使って、毎日ちょこっと自分のダジャレを発表しているそうだ。

メニューボードに並ぶ、おじさんのダジャレの数々。知り合いは、昼時にこれを見ると、くだらなすぎて、つい笑ってしまうのだそう。一部をご紹介したい。

●景気を揚げそば（揚げそば）
●華麗なる昼食（カレーうどんとかやくご飯のセット）
●手前味噌カツ（普通の味噌カツ）
●味のいい！　アジの塩焼き（普通のアジの塩焼き）
●チキンのから揚げ　阪神タイガース風（から揚げ）

最後の「チキンのから揚げ　阪神タイガース風」は、最初、なんでこのネーミングなんだろう？　と考えていたら、から揚げが6個（六甲）と大根おろし付きで、六甲おろし……。

そして、知り合いが一番ツボにハマったのは、お盆休み前のメニュー。

●お盆で「田舎煮」帰ります（田舎煮）

勝手に帰れ～!!

と、思ったそうですが、実際におじさんは田舎に帰っていたらしく、休み明けにお土産をくれたとか。

ああ、なんと愉快な社員食堂。このダジャレは、疲れた仕事人の心を、やわらかく脱力させる効果がある気がする。第一、メニューボードに、たんたんと書いてあるだけだから、「ツッコミ」をする必要も、笑わなければならない強制もない。

一大阪の食堂のおっちゃんが、

「昼休みくらい、気張らんと、のんびりしてや～」

社員たちをいたわっているかのようだ。

なんと、よい話だ。おそらく、おっちゃん自身が一番、楽しんでいるとは思いますけど……。

ダジャレにも必要性があるのだと感じた、そんな大阪のおっちゃんのメニューのお話でした。

わたしの知り合いで
「けつねうどん」と言っていた人はまだいません

大阪人の胸のうち
「なにげなく」
父
まるこーい山があってな
などと、うちの親がなにげなく使っていた大阪弁が好きです
「まるこーい山」って本当に丸そうでしょう？
母
お月さん傘かぶってはるわ
雲がかかっている月のことです
でも、なんかこんな感じがしませんか？
ぬくぬくの毛布、もう一つ出すか？

秋の終わり頃、よく耳にしたセリフ
ぶあつい
毛布
ぬくぬく
「ぬくぬく」と言えば「あつあつ」も
たこやき
あつあつ買うてきたったで
すごく美味しそうです
あつあつ
大笑いしたあと、
アハハハ
アハハハ
父が最後に言うセリフ
ホンマ、はなしやわ
なんとなく、笑ったあとの「しめ」のひとことになってました

大阪人と愛想

――愛想よければ、まぁ、許す？

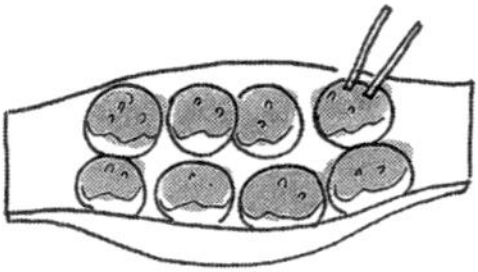

大阪に住んでいた頃、家の近所に新しい飲食店などがオープンすると、決まって「愛想」が話題になったものだ。

うちの母親と、近所のおばちゃんたちの立ち話を聞いていても、「店と愛想」は、「店と味」よりも重要視されていたような気がする。

「ほら、新しくできたあそこの店、行ってきたで」

「へぇ～、どうやった？」

「味は悪ないけど、あいそ（愛想）悪いわ」

「そら、アカンわ」

そら、アカンのである。

いくら美味しいお店でも、接客する人の愛想が悪いと評判に大きく差し障る。反対に、味はそこそこでも、愛想がよければ、まぁ、許す。そういう空気が特に強かったような気がする。

わたしは、以前、思い立って、日本全国47都道府県を4年かけてひとり旅したことがあるのだが、お店での愛想の良い感じは、やっぱり大阪が横綱級だと思った。

チェーン店のお店などに入ると、それがよくわかる。

例えば、どこにでもある、あの安くて美味しいコーヒー店ドトール。大阪のドトールの店員さんは、マクドナルドの店員さんみたいに、愛想がいい確率が高い気がする。

それから、コンビニ。コンビニの店員さんも、大阪では割合に笑顔だったりする。

この前、大阪に帰ったとき、コンビニで1リットルのペットボトルのお茶を2本買ったら、

「ちょっと重いんで、気ぃつけてくださいね」

と、レジの店員さんにニコやかな笑顔で言われて、ものすごく嬉しくなってしまった……。

ずーっと大阪生活の人は、わたしがどうしてこんなことで、これほど嬉しくなるのかわからないかもしれないが、それくらい、よそでは店員さんたちに優しい微笑みをもらうのが困難ということを、想像してもらいたい。

こうして大阪を離れ、東京で暮らすようになって、店員さんたちのクールフェイスに、

みんな寛大だなぁと、いまだに感心してしまう。

もちろん、愛想のない店員さんは、大阪にもいるし、別に、東京人が冷たいと言っているのではない。東京というまちに集まってきた、わたしを含む地方の人間の、

「ナメられないようにしないと」

「騙されないようにしないと」

という、警戒心から来るものだというのは想像がつくので、東京を悪く言うつもりはさらさらないのだ。

ただ、お店の人たちの愛想の良さを、あって当たり前だと思って暮らしている。そんな大阪の人々が、わたしは、今さらながら羨ましくてたまらないのである。

あかんゆーたらあかんの
こーてこーて

大阪人の胸のうち
「大人から子供に」
子供の頃、大人たちからよく言われたセリフです
こら（これは）べっぴんさんやなー
はい おつり 2百万円
これって全国共通なんですかね
あらー
ええもん食べてんなー
ええべべ着てどこ行くん
えらいようす（気どって）してどこ行くんや
なつかしいです

大阪人の胸のうち
「エレベーター」
通天閣のエレベーター内のできごとです
お母さん早く!!
エレベーター
ぎゅー
ぎゅー
まにあった
あれ？閉まらへんなんでや
閉まった、おそいな～
ほんまや
なー
ほんまや
「おそい」言うてきー
独り言が、どんどん広がってました
ホンマや
ホンマ
ホンマや

大阪人とじゃんけん

——たかが「じゃんけん」、されど「じゃんけん」

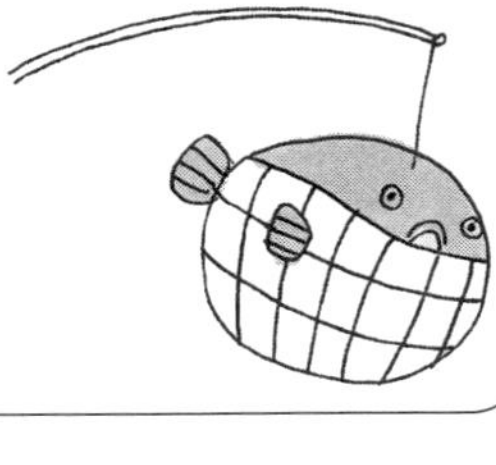

じゃんけん。

大阪では、「いんじゃん」という。

わたしは東京に来るまで「いんじゃん」は全国共通と思っていたから、方言だとわかったときはちょっと驚いたものだ。

そうか、日本全国が「いんじゃん」じゃないんだー。でも、大阪にいた頃に「じゃんけん」という掛け声をまったくしなかったわけでもないので、東京で「じゃんけん」したときも、特に違和感は感じなかった。ただし、最後はちょっと気になった。


じゃんけん、ぽん。

ぽんって〜。いい大人たちが、かわいらしく「ぽん」というのを聞いて、吹き出しそうになってしまった。やっぱ、出すときは「ほい」だろう。

いんじゃん、ほいっ。
じゃんけん、ほいっ。

さて、この原稿を書いていて、ふと疑問に思ったことがある。「グッパ」だ。子ども時代、チームをふたつに分けるときって、

グッパでほいっ

という掛け声をもとに、グーチーム、パーチームに決めたものだった。しかし、これも、ひょっとしたら、地方性があるのかな？　身近な知り合いたちに聞いてみた。

愛知県出身者1　「グーとパーであわせ！」って確か言ってた気がする。

愛知県出身者2　「グッパー、グッパー、グーッパ」。掛け声のとき、手はグーの形で上下に振りながら「グーッパ」のところで、どっちかを出して決めてた。

愛知県出身者3　「グとパで、ほい」って掛け声でした。

北海道出身者　「グーとチーであった人」という掛け声で、グーとチョキで決めてた。ちなみに、じゃんけんは「じゃんけん、ぽん（もしくはじゃんけんしょ）」だった。

鹿児島県出身者　「うらおもて」。参加者全員が真ん中に手のひらを出して「う〜らお〜もてっ」と、裏表ひらひらさせて、「てっ」のところで出ている手のひらで裏チーム、表チームを分けてた。

秋田県出身者　話し合いで決めた。

京都府出身者　「グッパ」。ただ、掛け声のバリエーションで「グッパで組んでも怒りなしっ！」というのがあった。

岡山県出身者　「グーパー」。掛け声は「グーパーで〇〇」（〇〇の部分は、それぞれ自分が出す手を言う）。

愛媛県出身者　グーパーじゃんけんしました。掛け声は「グーパーじゃんけんじゃ」。あいこだと、「じゃんけんじゃ」を何度も繰り返します。

いろいろあって面白かったのだが、ただし、秋田県出身の知り合いの証言、「話し合いで決めた」っていうのはどうだろう……。これは、この人が忘れているだけではないか、と睨んでいる。さぁ、遊ぶぞ、というときに、いちいち子供たちが話し合うか？　なんか、ぜったいにモメる気がする。

鹿児島県の、手のひらの裏表が、この中ではちょっと違う。出した手をひらひらさせている子供たちって、さぞ、かわいいだろうなと思わずにいられない。だけど、手をひらひらさせていて、それを止めるタイミングって難しそう。ぜひ一度見てみたいものだ。

そういえば、東京に来てから「じゃんけん」はしたことはあるけれど、「グッパ」の行為はしたことがない。もし、そうなった場合、一体、みんななんと言うのだろう？　ものすごーく気になるけれど、大人になると、２チームに分かれて遊ぶこともないので、なかなか確かめられないのが残念である。

大阪人の胸のうち
「いんじゃん」
大阪では「じゃんけん」を「いんじゃん」と言います
いんじゃん
ほいっ
という場合と、メロディをつけてゆっくり言うバージョンがあります
いんじゃんメロディ
いーん
ソーファ
じゃーん
レーファ
でっ
ソ

ほーい
シ♭ーッ
「ほ」は、大きく
どっちのスタイルでいくかは、先に掛け声を出した人によって決まる
「いーん」で始まったらメロディのタイプねと、判断します
さいしょはグー
で、始まる場合はテンポを考えて
こちら↓
いんじゃんほいっ
メロディタイプのほうが、「何を出すか」考える時間がありましたね
大阪でも「じゃんけん」の人もいるし、「じゃいけん」の人もいるけど、「ほいい」で出します

大阪人の胸のうち
「いんじゃん②」
人数が多いときのいんじゃんは、
おおいもん勝ち
そうです
迷わず、「多い者が勝つ」タイプになりました
ほいっ
上の図の場合、「パー」の人が勝ちです
こんなふうに少しずつ人数を減らして、
適度な人数になったら、普通のいんじゃんをします

掛け声は、
「おおいもん がーちで いんじゃん ほいっ」
大阪出身じゃない友達何人かに聞いても、なじみがないみたいでした
大人数のときどうするの？
まず2人になって、じゃんけんする
←大阪人じゃない
えー
それじゃ、大勢の中から勝ち抜く気がしない
などと思ってしまうわたしです
(他県にもあるのかな？)
ちなみに、早く決着つけたいときは「少ないもん勝ち」にしました

大阪人の待ち合わせ

——みんなが集まる「ソニプラ前」

会社員時代は、大阪駅を経由して環状線（東京では山手線のようなもの）に乗り換えるのが通勤コースだった。たまに仕事の帰り、学生時代の友人たちと食事に出かけたりもしたが、わたしの場合、食事をするのはミナミよりキタ（キタは大阪駅・梅田周辺で、ミナミは難波・心斎橋周辺です）が多かった。

さて、友達との待ち合わせ場所は「いすゞのショールーム前」が、渋谷で言う「ハチ公前」くらい一般的だった。ちょうどＪＲ大阪駅と阪急梅田駅の中間（徒歩で行ける距離）なので、複数の友達が集まるときは都合が良かったのだ。

「いすゞのショールーム前」には、いすゞの車が柵の中に１台展示されていた。その車の周囲に、夕方は待ち合わせする人がてんこ盛りになるのである。そして週末の夜ともなると、もはや車など見えないくらいの人だかりだ。待ち人を探すのも一苦労なので、「いすゞのショールームの、車の正面の左側の前」などと、細かく決めていたものだ。

そういえば、昔、合コンをしたときも、この「いすゞのショールーム前」が集合場所だったなぁ。

まずは女子だけで「ソニプラ前（後で出てきます）」に集合し、その後、「いすゞのショールーム前」に向かった。

あの人たちかな？　それともあのグループ？

遠くから合コン相手を物色していた、肩パッド入りスーツにソバージュヘアの我ら女子チーム。夜なのになぜか真っ黒なサングラスをしている青年、他数名を発見し、彼らだったら嫌だな～とわたしがドキドキしていたら、

「ゴメン、あれやわ……」

隣にいた女友達に半泣きで謝られた。と思ったら、

「なんでグラサンしとんねん！」

その後、彼女は本気で怒っていた。結局、誰も結ばれなかった合コンだったが、それも

青春の一ページ。ちなみに先日たまたま近くを通りかかったら、いすゞのショールームは、もうそこにはなかった。

さきほどチラッと出てきたが、「ソニプラ前」というのも待ち合わせ場所では多かった。輸入雑貨屋のソニープラザのことである。ここもJR大阪駅と阪急梅田駅の中間くらい。

「ほんなら、ソニプラ前に7時にしよか」

ソニプラという響きがなんとなくオシャレで、それを言いたいがためにソニプラ前に決めていた気がしないでもない。そのソニプラの近くにハーゲンダッツのお店があり、「ハーゲンダッツ前」も待ち合わせ場所のひとつだった。ただし阪急電車側にもハーゲンダッツがあるので、そこと間違えて会えなかった経験もあり、どこの「ハーゲンダッツ前」か、しつこく確認する必要があった。携帯電話のない時代の話である。

大阪駅の「噴水前」も、待ち合わせ場所としてよく利用した。駅の構内に噴水広場があって、ぼんやりと水を見ながら友達を待っていたものだ。この噴水も、今は、もうないかもしれない。

会う友達によって、少しずつ変えた大阪・キタでの待ち合わせ。なんだか、すこく懐かしい。こうして思い出しながら書いていると、友達を待っている当時の自分の姿が浮かんできて、そのわたしに声をかけてみたくなる。

「あんた、26歳で上京するんだよ。東京のまちで、標準語で暮らすようになるんだよ」

きっと、あの頃のわたしは、自分が、愛する故郷、大阪の地を離れるなんて信じず、笑いとばすに違いないけれど。

あとがき

大阪で暮らしていたころは、大阪以外に住みたいところなどなかった。

だけど、こうして東京で暮らしてみると、東京は面白いなぁと思う。やっぱり「都会」だ。大阪だって、東京と同じくらい都会なのだと信じていたけれど、関西出身の友達しかいなかった大阪時代の自分と比べると、東京では、いろんなところから集まってきた友達がいる。それがやはり、都会の面白さなのだと思う。

東京に住んでいると、たまに大阪嫌いの人にも遭遇する。もちろん東京出身の人とは限らず、他の地方の人でもあるのだけれど、わたしが大阪出身と知らずに、

「大阪の人って、なんか苦手なんだよね」

などと言っているのを聞いて、最初のうちはムッとしたものだ。だけど次第に面白いと思うようになった。だって大阪にいるときには、大阪を悪く言う人など身近にいなかったわけだから。

へぇ〜、大阪人って、こんなふうに煙たがられることもあるのか。

わたしは、離れた場所から大阪を見るという初体験をしたのである。


いつか、絶対に書きたいと思っていたことが3つあった。

ひとつは大阪をテーマにしたこの本。身近な大阪人のことを書けたらいいなあと思っていた。あとのふたつは、母のこと、そして銭湯のこと。共に、知恵の森文庫から「お母さんという女」「女湯のできごと」というタイトルで、すでに本になっている。

お母さん、女湯、大阪。

偶然にも、すべて「お」から始まるこの3つのキーワードは、わたしにとって、ものすごく大きな存在だった。ひとつでも欠けていたならば、わたしは、今とはぜんぜん違う人間になっていたと思う。3つとも、離れてからよく見えるようになった。名づけて「お」三部作。ぜひ、お手にとっていただければと思います。

２００７年５月

益田ミリ

知恵の森
KOBUNSHA

光文社

大阪人《おおさかじん》の胸《むね》のうち

著　者 ── 益田ミリ（ますだ みり）

2007年　6月20日　初版　1刷発行
2025年　10月10日　　　10刷発行

発行者 ── 三宅貴久
印刷所 ── ＫＰＳプロダクツ
製本所 ── ナショナル製本
発行所 ── 株式会社 光文社
〒112-8011　東京都文京区音羽1-16-6
お問い合わせ
https://www.kobunsha.com/contact/

落丁本・乱丁本は制作部にご連絡くだされば、お取替えいたします。
電話(03)5395-8125
ISBN978-4-334-78482-9　Printed in Japan

78476-8
tあ1-1

有吉《ありよし》玉青《たまお》

お茶席の冒険

静寂の中、湯の沸く釜の音に耳を傾け、季節の花を愛で、茶をいただき、そして、自分もまた点てる。お茶の教室は未知の世界への扉である。（解説・檀　ふみ）

571円

78331-0
cう2-1

浦《うら》一也《かずや》

旅はゲストルーム
測って描いたホテルの部屋たち

アメリカ、イタリア、イギリスから果てはブータンまで。設計者の目でとらえた世界のホテル六十九室。実測した平面図が新しい旅の一面を教えてくれる。

860円

78280-1
bな7-1

リタ・エメット
中井《なかい》京子《きょうこ》訳

いま　やろうと思ってたのに…
かならず直る―そのグズな習慣

なぜ、今日できることを明日に延ばしてしまうのか―今すぐグズから抜け出す簡単実践マニュアルを紹介。さあ、今すぐ始めよう。「結局、グズは高くつく」（著者）から。

571円

78378-5
bお6-1

沖《おき》幸子《さちこ》

ドイツ流　掃除の賢人
世界一きれい好きな国に学ぶ
文庫書下ろし

心地よい空間を大切にするドイツ人は掃除上手で、部屋はいつも整理整頓が行き届いている。著者が留学中に学んだ「時間も労力もかけないシンプルな掃除術」を紹介する。

640円

78633-5
tお9-1

沖田《おきた》×華《ばつか》

ニトロちゃん
みんなと違う、発達障害の私

発達障害をもつニトロちゃんは、協調性のない行動から問題児というレッテルを貼られるが…。著者の体験をもとに、苛酷な学校生活を涙と怒りと笑いで描くコミックエッセイ。

571円

78497-3
tし1-2

白洲　正子

きもの美
選ぶ眼　着る心

「粋」と「こだわり」に触れながら、審美眼に磨きをかけていった著者。「背伸びをしないこと」「自分に似合ったものを見出すこと」。白洲正子流着物哲学の名著。（解説・髙田倭男）

740円

72263-0
aて1-1

手塚《てづか》 治虫《おさむ》

似顔絵から長編まで

マンガの描き方

不動の人気を保つ天才マンガ家・手塚治虫。マンガ文化に革命を起こし、世界中のクリエイターに影響を与えた〝マンガの神様〟が、自ら創作現場を語る。（解説・夏目房之介）

500円

78329-7
bま4-1

益田《ますだ》 ミリ

文庫書下ろし

お母さんという女

◎写真を撮れば必ず斜めに構える◎小さい鞄の中には予備のビニールの手提げが入っている。身近にいるのに、よく分からない母親の、微妙にずれている言動を愛情深く分析。

533円

78409-6
bま4-2

益田 ミリ

文庫書下ろし

女湯のできごと

「家にお風呂があったらいいのになぁ。いつもそう思っていたけれど、お風呂がなかったからこそ見えた世界もあった」（「あとがき」より）。しみじみイラスト・エッセイ集。

533円

78482-9
bま4-3

益田 ミリ

文庫書下ろし

大阪人の胸のうち

「誰かアホな奴が飛び込まへんかな～」の期待に応えて道頓堀川に飛び込んでしまう大阪人。上京して十数年、大阪出身の著者だからこそわかる大阪人の胸のうちとは？

533円

78566-6
tも1-1

もりきあや

文庫書下ろし

おひとり奈良の旅

奈良生まれ、奈良育ちの著者が県内各地を歩き徹底取材。食べる、泊まる、観る、買う、拝む、感動する―古都・奈良の魅力のすべてを網羅した、街歩きガイドブック。

740円

78443-0
bも5-1

森下《もりした》 典子《のりこ》

ルネサンスの天才彫刻家を追って

前世への冒険

「あなたの前世はルネサンス期に活躍したデジデリオという美貌の青年彫刻家です」。イタリアで前世を巡る不思議な旅のルポルタージュ。『デジデリオ』改題。（解説・いとうせいこう）

667円